P9-DVZ-905

LA ROME ANTIQUE

Peter Chrisp

Bonjour, je suis Flavia

Viens découvrir mon univers et partager la vie quotidienne d'un Romain.

Je m'appelle Félix

Mon nom est Titus

Les Éditions du
Carrousel

Direction artistique : Helen McDonagh
Éditrice : Claire Watts
Consultant : Simon James BSc, PhD, du British Museum, Londres
Coordination éditoriale : Christine Morley
Coordination artistique : Carole Orbell
Maquette de couverture : Helen Holmes
Maquillage des modèles : Melanie Williams
Illustrateur : David Hitch
Photographe : John Englefield
Traduction : Claude Mallerin
Photocomposition : Nord Compo
Imprimé et relié en Chine

© 1999 Les Éditions du Carrousel / Media Serges pour l'édition française, Paris
© 1997 Two-Can Publishing Ltd, Londres

Loi n° 49-956 du 16 juillet 1949 sur les publications destinées à la jeunesse.

Tous droits réservés. Aucun extrait de ce livre ne peut être reproduit, enregistré
ou transmis, par quelque procédé que ce soit, électronique, mécanique,
photocopie, bande magnétique, disque ou autre, sans l'autorisation écrite
préalable de l'éditeur et du détenteur des droits.

ISBN : 2-7456-0177-6

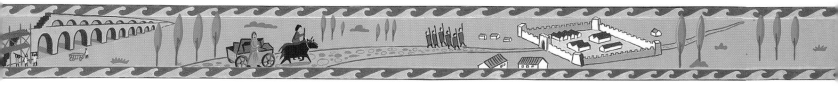

I SOMMAIRE I

Je m'appelle Flavia. J'ai huit ans et je vis à Rome, la capitale de l'Empire romain. Ce vaste et puissant empire est formé de plusieurs pays, tous sous la domination romaine. Un grand homme nous gouverne, l'empereur Trajan.

Cette carte montre l'étendue de l'Empire romain sous le règne de l'empereur Trajan (117 apr. J.-C.).

L'Empire romain

À l'origine, Rome n'était pas bien grande. En 400 ans, notre armée a conquis de nombreux pays, qu'elle a réunis en un immense empire. L'Empire romain est divisé en régions appelées provinces, toutes gouvernées par notre empereur. Parfois, les peuples de l'empire se révoltent contre la domination romaine, mais nos soldats sont soumis à un entraînement qui les rend invincibles.

Les pointillés indiquent les frontières entre les provinces.

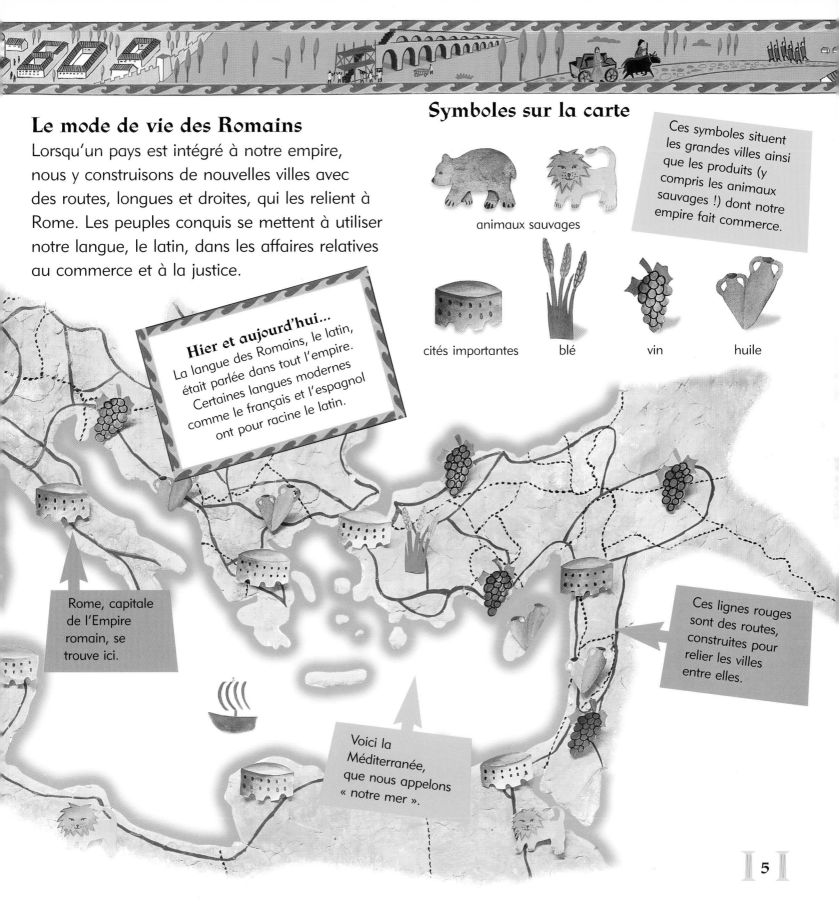

Le mode de vie des Romains

Lorsqu'un pays est intégré à notre empire, nous y construisons de nouvelles villes avec des routes, longues et droites, qui les relient à Rome. Les peuples conquis se mettent à utiliser notre langue, le latin, dans les affaires relatives au commerce et à la justice.

Hier et aujourd'hui...
La langue des Romains, le latin, était parlée dans tout l'empire. Certaines langues modernes comme le français et l'espagnol ont pour racine le latin.

Symboles sur la carte

animaux sauvages

Ces symboles situent les grandes villes ainsi que les produits (y compris les animaux sauvages !) dont notre empire fait commerce.

cités importantes

blé

vin

huile

Rome, capitale de l'Empire romain, se trouve ici.

Ces lignes rouges sont des routes, construites pour relier les villes entre elles.

Voici la Méditerranée, que nous appelons « notre mer ».

Je vis avec ma mère et mon père, ainsi que mon frère Titus, qui a dix ans.

Ma mère m'apprend à tenir une maison et à filer la laine. Mais je préfère de loin jouer avec Titus aux osselets ! C'est mon jeu préféré.

> Je tire sur la laine pour obtenir un long fil, que je tords et enroule sur un fuseau.

Mes parents

Mon père est un homme influent. C'est un sénateur. Il conseille l'empereur. Je ne vois pas souvent mon père, car il est fréquemment en voyage, pour son travail, ou en visite d'inspection dans les fermes que nous possédons dans les provinces. Ma mère reste à la maison avec Titus et moi. Elle doit chaque jour faire des courses, organiser les tâches ménagères et donner des ordres à nos serviteurs.

Fabrique des osselets

Procure-toi de la pâte à modeler qui durcit à l'air, de la peinture et un pinceau.

1 Façonne ta pâte à modeler de façon à former dix osselets semblables à ceux-ci. Laisse durcir.

2 Peins tes osselets en gris et en jaune, puis projette dessus un peu de peinture marron pour qu'ils ressemblent à des os. Laisse-les sécher.

3 Te voilà maintenant prêt à faire une partie. Distribue cinq osselets à chaque joueur. À tour de rôle, lancez les osselets en l'air et rattrapez-les sur le dos de la main. Le gagnant est celui qui en récupère le plus grand nombre.

La vie d'un petit garçon

Mon frère Titus n'est pas obligé, comme moi, de s'initier aux tâches ménagères. Quand il sera grand, il deviendra juriste, politicien ou soldat – ou peut-être les trois à la fois. Pour cela, il doit beaucoup étudier, et Père demande constamment à son précepteur s'il travaille bien. Quand Titus se conduit mal, Père est très en colère contre lui.

Les esclaves romains

Dans notre maison, les travaux ménagers sont effectués par des esclaves. On peut acheter des esclaves sur le marché. Certains sont des prisonniers capturés au cours d'une guerre. Notre ami Félix est né esclave, puisque ses parents sont esclaves. Quand Félix était plus jeune, il jouait beaucoup avec Titus et moi. Maintenant il travaille à la cuisine, mais il continue à jouer avec nous pendant ses moments de loisirs.

Titus joue aux osselets avec notre ami Félix.

Les osselets sont, à l'origine, de petits os de pieds de mouton.

Ma maison

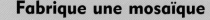

Ma maison est située au centre de Rome. Elle comporte un grand nombre de pièces magnifiques, décorées de peintures au mur et de mosaïques au sol. Les mosaïques sont des dessins réalisés par l'assemblage de petites pièces colorées de terre cuite et de verre.

J'aime beaucoup les mosaïques colorées représentant des créatures marines.

Fabrique une mosaïque

Procure-toi du carton épais, du papier de couleur, un crayon, des ciseaux et de la colle.

1 Dessine sur le carton le motif de ta mosaïque.

2 Décide de quelle couleur sera chacune des parties de ta mosaïque, puis découpe en tout petits carrés ton papier de couleur. Peu importe s'ils ne sont pas de taille égale.

3 Recouvre de colle un coin du carton et presses-y tes carrés de papier. Recouvres-en progressivement l'ensemble de ton dessin.

8

L'atrium

La plus grande pièce de notre maison est le hall d'entrée, que nous appelons atrium. Son toit comporte une large ouverture centrale qui lui donne plus l'aspect d'une cour que d'une pièce. Cette ouverture laisse passer un flot de lumière ainsi que l'eau de pluie, recueillie dans un bassin. Nous utilisons cette eau pour faire la cuisine et nous laver.

Visite de notre maison

Tout autour de l'atrium s'ouvrent des portes et des fenêtres donnant sur les autres pièces. La cuisine et la salle à manger sont du côté opposé au bureau de mon père. Les chambres sont réparties au rez-de-chaussée et à l'étage.

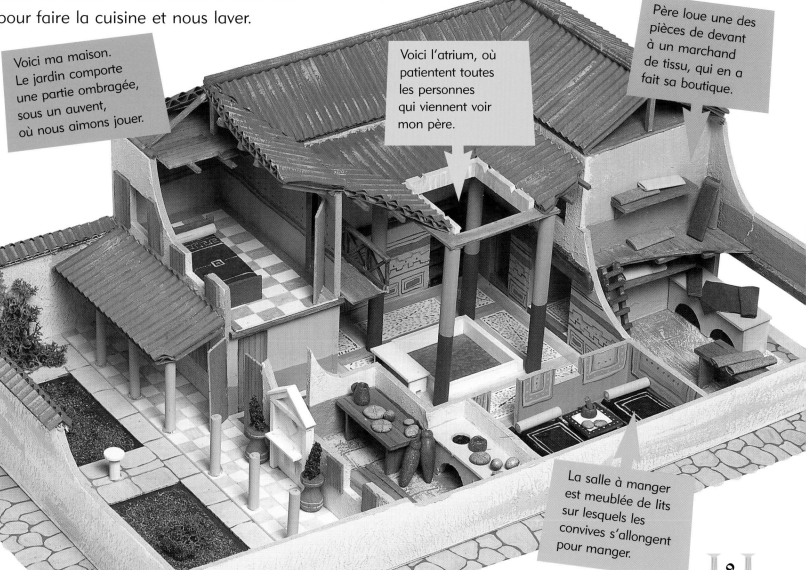

Voici ma maison. Le jardin comporte une partie ombragée, sous un auvent, où nous aimons jouer.

Voici l'atrium, où patientent toutes les personnes qui viennent voir mon père.

Père loue une des pièces de devant à un marchand de tissu, qui en a fait sa boutique.

La salle à manger est meublée de lits sur lesquels les convives s'allongent pour manger.

Rome est une ville bruyante, avec des rues étroites où circule une foule animée. Titus et moi, nous ne sommes pas autorisés à aller seuls dans ces rues, aussi chargeons-nous Félix de certains achats pour nous quand il va faire des courses.

Félix part acheter du vin, dont il remplira ces jarres, appelées amphores.

La monnaie romaine

On utilise dans tout l'Empire romain des pièces de monnaie semblables à celles-ci.

Sur chaque pièce figure le portrait de notre empereur.

Hier et aujourd'hui...

Les pièces romaines sont gravées de l'effigie d'un grand personnage, comme beaucoup de monnaies utilisées aujourd'hui.

Je demande à Félix de me ramener du marché des graines pour mon oiseau.

Le forum

Au centre de la cité se trouve le forum, une place où les gens viennent discuter et faire leur marché. Près du forum se dressent des bâtiments publics importants, comme les tribunaux et les temples.

Les rues de la cité

Les rues de Rome sont droites et se croisent, divisant la ville en de nombreux îlots de maisons appelés *insulae*. Les *insulae* comportent un grand nombre de boutiques, d'ateliers, de tavernes et d'immeubles.

Des logements insalubres

À Rome, seuls les riches ont des maisons comme la nôtre. La majorité des gens habitent de petits appartements situés au-dessus des commerces ou dans des immeubles de quatre à cinq étages. Il est dangereux de vivre dans ces immeubles, car de terribles incendies meurtriers s'y déclarent assez fréquemment.

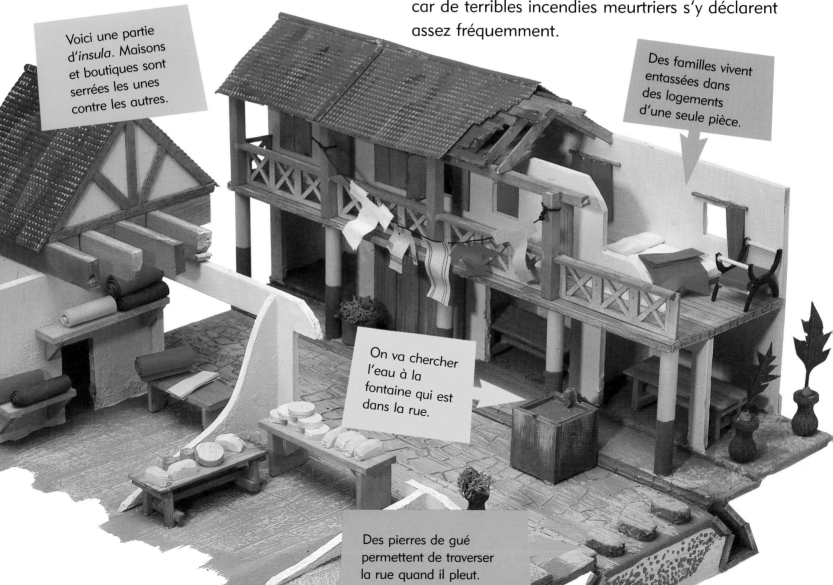

Voici une partie d'*insula*. Maisons et boutiques sont serrées les unes contre les autres.

Des familles vivent entassées dans des logements d'une seule pièce.

On va chercher l'eau à la fontaine qui est dans la rue.

Des pierres de gué permettent de traverser la rue quand il pleut.

Nos habits

Comme il fait chaud pendant une grande partie de l'année, les Romains ne portent qu'une simple tunique attachée à la taille. Nous avons les jambes nues et sommes chaussés de sandales. La plupart des femmes se parent de boucles d'oreille, de colliers et de bracelets. Les jours de fête, nous mettons nos plus belles tuniques.

Je me suis habillée pour la fête des Floralia. Elle a lieu chaque année au printemps en l'honneur de Flore, la déesse des fleurs.

Fabrique un bracelet-serpent

Procure-toi du carton souple, des ciseaux, de la peinture dorée, verte et bleue, un pinceau, du fil de fer fin et du scotch.

1 Découpe le carton en lui donnant une for-me de serpent, comme ci-dessous.

2 Peins le serpent en doré. Une fois sec, recouvre-le d'un motif peint qui imite la peau d'un ser-pent. Laisse sécher.

Les vêtements des femmes

Par-dessus sa tunique, Mère porte une longue robe colorée. Quand il fait froid, elle revêt un épais manteau en laine. Elle passe beaucoup de temps à s'habiller le matin. Parfois, il lui faut trois esclaves pour l'aider à mettre ses bijoux et sa perruque, ainsi qu'à se parfumer et à se maquiller.

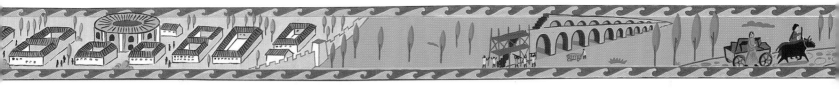

La toge

Mon père porte une toge par-dessus sa tunique. Une toge est une pièce d'étoffe qu'on drape en la plissant autour du corps. Père déteste mettre sa toge, qu'il trouve très inconfortable, surtout par temps chaud. Mais tous les citoyens romains sont censés porter des toges en public. Même mon frère Titus en porte à certaines occasions.

La toge bordée d'une bande pourpre que porte Titus est celle des petits garçons. À 14 ans, il portera la toge, toute blanche, des hommes.

3 Scotche le long du serpent un morceau de fil de fer. Enroule le serpent autour de ton bras.

Les serpents sont des animaux qui portent chance. Je mets ce bracelet pour me protéger du mauvais sort.

Ma famille est riche, aussi consommons-nous des produits délicieux et raffinés qui viennent de tous les coins de l'empire. Mais la plupart des Romains mangent un ragoût de blé, de lentilles ou de haricots. Les plus pauvres se nourrissent d'une bouillie faite de froment moulu et d'eau.

Nous conservons dans ces pots du miel, du poivre et de la sauce de poisson épicée pour assaisonner nos plats.

Voici la cuisine de notre maison à Rome. Les Romains, pour la plupart, n'ont pas de cuisine. Ils doivent acheter dans les boutiques ou les tavernes de la nourriture toute préparée.

Notre cuisinier

Notre cuisinier s'appelle Lucius. Il prépare nos repas et fait chaque matin du pain dans un four à charbon de bois. Lucius est toujours très occupé, surtout quand Père est à la maison. Nous avons alors presque tous les soirs des invités à dîner.

Ces amphores sont remplies d'huile d'olive et de vin.

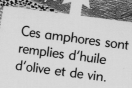

Loirs et escargots

Un de nos plats de fête est le rôti de loir.
Lucius garde des loirs dans une cage, dans
la cuisine, qu'il engraisse avec des noisettes.
Il élève aussi des escargots, les nourrissant de
lait jusqu'à ce qu'ils deviennent trop gros pour
rentrer dans leurs coquilles. Il les fait alors frire
dans de l'huile d'olive et les sert accompagnés
de sauce au poisson. C'est un vrai régal !

Fabrique une boisson au miel et aux épices ✳ L'aide d'un adulte est nécessaire.

Il te faudra deux dattes, un litre de jus de pample-
mousse, deux tranches de citron, quatre cuillerées de
miel, une feuille de laurier écrasée, une pincée de
cannelle, de poivre moulu et de safran (facultatif),
une cuillère en bois, un couteau et une casserole.

1 Dénoyaute les dattes
et demande à un adulte
de les hacher finement.

2 Mets dans une
casserole tous les
ingrédients, à l'ex-
ception des tran-
ches de citron. De-
mande à un adulte
de remuer le tout à
feu doux pendant
une demi-heure.

3 Laisse refroidir la
boisson et verse-la
dans une cruche.
Décore la cruche
et les verres de
tranches de citron
avant de servir.

Notre jardinier nous envoie des fruits de notre maison de campagne.

Ces sacs sont remplis de farine destinée à la fabrication du pain.

Titus et moi ne sommes pas obligés d'aller à l'école. Nous avons un précepteur, un esclave grec du nom de Théo, qui nous enseigne la lecture, l'écriture et le calcul.

Nous écrivons sur des tablettes de cire avec un instrument de métal pointu que nous appelons style.

Ma mère m'apprend à jouer de la lyre. C'est beaucoup plus amusant que le calcul !

Fabrique une tablette à écrire et un style

Procure-toi de la pâte à modeler, un carton épais, un rouleau à pâtisserie, une baguette en bois de la taille d'un crayon, un taille-crayon et de la peinture dorée.

1 Pour la tablette à écrire, place une épaisse plaque de pâte à modeler au centre du carton et aplatis-la avec le rouleau à pâtisserie.

2 Pour le style, taille ta baguette avec le taille-crayon. Peins-la en doré et laisse-la sécher.

3 Utilise le bout pointu de la baguette pour écrire sur la tablette en pâte à modeler.

4 Lorsque tu as fini d'écrire, lisse avec ton doigt la pâte à modeler pour pouvoir à nouveau écrire dessus.

L'éducation des garçons

Une fois adulte, Titus exercera peut-être des charges politiques, aussi lui faut-il apprendre à s'exprimer clairement et à bien prononcer les mots compliqués. Théo enseigne à Titus le grec en plus du latin. Père dit que les esclaves grecs sont d'excellents professeurs, car ils ont plus étudié que leurs maîtres !

Nous utilisons des lettres pour écrire les chiffres. Voici ceux qui vont de un à dix-huit.

Titus déchiffre les mots grecs gravés sur sa tablette.

Hier et aujourd'hui...
On utilise souvent, aujourd'hui encore, les chiffres romains. Tu en verras sur les horloges, les monuments et les statues.

L'école

Certains de nos amis doivent aller à l'école, qui est payante. Mais ça revient moins cher que d'avoir un précepteur chez soi. À l'école, les enseignants frappent les enfants lorsqu'ils font des erreurs.

Beaucoup d'enfants romains ne reçoivent aucune éducation. Ils apprennent tout ce qui leur est nécessaire en regardant travailler les adultes et en les aidant. Notre esclave, Félix, apprend à cuisiner en aidant Lucius.

Rome offre de multiples possibilités. Certains romains vont aux bains publics tous les jours. L'entrée est gratuite pour les enfants. On nous autorise parfois, Titus et moi, à aller au théâtre. Les acteurs portent des masques peints et jouent du tambour, du pipeau et de la trompette.

Le théâtre

Le théâtre est très excitant. On peut y voir, grâce à des effets spéciaux sensationnels, des acteurs traverser la scène en volant ou disparaître par des trappes dans un nuage de fumée. Le public, qui adore ces moments-là, applaudit alors à tout rompre.

Les masques indiquent au public si les acteurs interprètent des rôles tragiques ou comiques.

Sur scène, les acteurs frappent sur des tambourins avec la paume de la main ou les jointures des doigts.

Fabrique un tambourin

Procure-toi deux bandes de carton souple de couleur de 6 x 90 cm, du scotch, de la colle, un rond de calicot, de la ficelle, de la peinture, un pinceau et de la laine.

1 Fais se chevaucher les extrémités d'une bande de carton pour former un cercle et scotche-les.

2 Recouvre de colle le bord extérieur du cercle. Tends ton calicot sur le cercle et maintiens-le avec de la ficelle jusqu'à ce que la colle soit sèche.

3 Enlève la ficelle, puis recouvre de colle un des côtés de ton autre bande de carton. Place-la autour du tambourin. Maintiens la bande avec de la ficelle jusqu'à ce que la colle soit sèche.

4 Décore ton tambourin de motifs peints. Puis colles-y des glands fabriqués avec des bouts de laine de couleur vive.

Nos jouets

Quand nous étions petits, Titus et moi, nous jouions avec des animaux en bois que nous tirions. Maintenant, nous nous amusons avec des ballons, des toupies, des billes, des poupées en céramique aux bras et aux jambes mobiles. Titus a un petit char tiré par une chèvre et il adore faire des courses avec ses amis.

Les bains publics

Les gens vont aux bains publics (ou thermes) pour se laver, se détendre et faire de l'exercice physique. Certains y pratiquent la lutte, jouent au ballon ou aux dés.

Les thermes sont chauffés par la circulation dans le sol d'un air chaud produit par une chaudière.

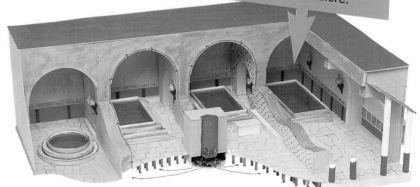

Hier et aujourd'hui...

Les Romains ont inventé le chauffage central, procédé toujours utilisé aujourd'hui. Mais, le plus souvent, les canalisations d'eau chaude remplacent les conduits d'air chaud.

L'empereur organise pour le peuple des spectacles gratuits : courses de chars, combats de gladiateurs… Titus et moi sommes trop jeunes pour y assister, mais nous adorons jouer aux conducteurs de char ou aux gladiateurs.

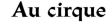

Au cirque

La course de chars est un sport très populaire. Elle a lieu sur un espace appelé cirque. Les conducteurs de char appartiennent à des équipes différentes, chacune ayant sa couleur propre. Mon équipe préférée est celle des Bleus.

Titus et moi avons pour jouets des modèles réduits de char.

C'est dans un amphithéâtre comme celui-ci qu'ont lieu les combats de gladiateurs.

L'amphithéâtre

L'amphithéâtre est un vaste édifice circulaire que l'on trouve dans la plupart des cités romaines. Celui de Rome peut contenir des milliers de spectateurs. On s'y précipite pour assister à toute sorte de combats. On peut y voir des prisonniers lutter contre des léopards et des lions, ou des animaux féroces se battre entre eux.

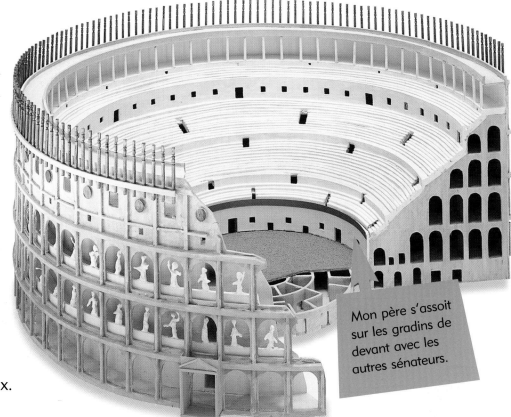

Mon père s'assoit sur les gradins de devant avec les autres sénateurs.

Braves gladiateurs

Les gladiateurs sont des hommes entraînés pour se battre dans un amphithéâtre. Ce sont des esclaves, que l'empereur peut affranchir, c'est-à-dire libérer, s'ils montrent du courage et plaisent à la foule. Les gladiateurs ont leurs admirateurs qui viennent les regarder combattre et les applaudir. Ces fans écrivent même sur les murs les noms de leurs héros favoris !

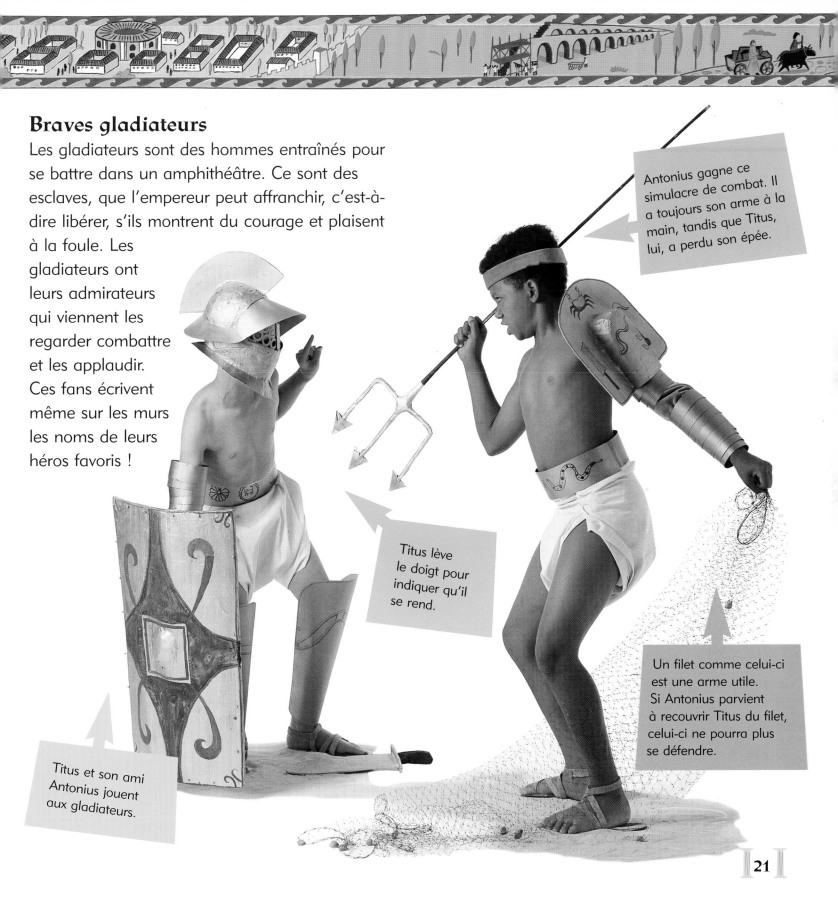

Antonius gagne ce simulacre de combat. Il a toujours son arme à la main, tandis que Titus, lui, a perdu son épée.

Titus lève le doigt pour indiquer qu'il se rend.

Titus et son ami Antonius jouent aux gladiateurs.

Un filet comme celui-ci est une arme utile. Si Antonius parvient à recouvrir Titus du filet, celui-ci ne pourra plus se défendre.

21

Nous avons un grand nombre de dieux et nous pensons ne pouvoir obtenir leur aide que si nous les prions et leur faisons des cadeaux. Quand nous sommes malades, nous leur offrons des amulettes pour aller mieux.

Père part en voyage aujourd'hui, c'est pourquoi je fais une offrande de fleurs à nos dieux pour qu'ils le protègent.

Fabrique une amulette

 L'aide d'un adulte est nécessaire.

Procure-toi un carton de 15 x 7 cm, des ciseaux, un pinceau, de la peinture cuivrée et dorée, une punaise, du fil de fer et de la ficelle dorée.

1 Dessine les contours d'une main et d'un bon-bon sur le carton. Découpe-les.

La protection des dieux

Nous avons plusieurs dieux qui nous protègent, chacun dans un domaine différent. Le dieu le plus important s'appelle Jupiter. Il protège Rome et notre empire. Sa femme, Junon, veille sur les mères et leurs bébés.

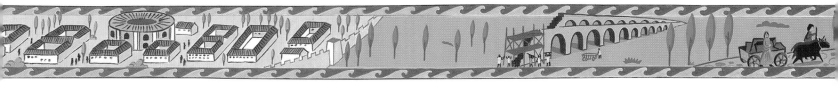

Offrandes et fêtes

Chaque dieu et chaque déesse a sa propre fête comportant des cérémonies ou des processions avec de la musique et de la danse. Nous avons ainsi des fêtes tout au long de l'année. Si nous recherchons l'aide d'un dieu particulier, nous nous rendons à son temple. Les offrandes sont parfois brûlées et la fumée qui s'élève apporte alors son présent au dieu.

On joue de la musique lors des processions religieuses, des noces et des enterrements.

2 Peins les formes obtenues, puis laisse-les sécher. Demande à un adulte d'écrire ton nom sur le bonbon en faisant de petits trous avec la punaise.

3 Enroule le fil de façon à former trois anneaux et attache tes deux pièces comme ci-contre. Noue le fil doré à l'anneau du haut pour pouvoir suspendre ton amulette.

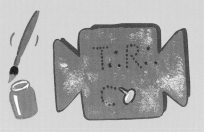

Lorsque ma mère s'est fait mal à la main, elle est allée porter cette amulette au temple d'Esculape, le dieu de la médecine.

Hier et aujourd'hui...
Les planètes du système solaire s'appellent Mercure, Vénus, Mars, Jupiter, Saturne et Neptune d'après des noms de dieux romains.

Mon père revient de la Dacie, province conquise par l'empereur Trajan avant ma naissance. Père était chargé de mettre en œuvre la construction de nouvelles cités et de routes pour les relier. Les anciennes cités ont été dotées de nouveaux bâtiments et, pour certaines, d'un aqueduc, canal amenant l'eau d'un lieu à un autre.

Les aqueducs

Une cité a besoin d'une réserve d'eau, pour l'hygiène et la bonne santé de ses habitants. Lorsqu'il n'y a pas d'eau à proximité, on construit un aqueduc pour y amener l'eau de la rivière la plus proche. Parfois, l'eau parcourt de longues distances avant d'atteindre la ville. La plupart du temps, les aqueducs sont souterrains, mais parfois ils sont aériens.

Félix m'apporte de l'eau pour que je puisse mé laver. Elle est acheminée par un conduit de l'aqueduc à notre maison.

Les bâtiments publics

Les cités romaines ont de beaux bâtiments publics comme les temples, les tribunaux, les théâtres… Ils sont souvent ceints de colonnes et décorés de statues. Beaucoup présentent des arcades. Un mur à arcades est aussi solide qu'un mur plein, mais sa construction nécessite moins de pierres et de béton.

Les inventions romaines

Nos bâtiments, autrefois en pierre, sont aujourd'hui en béton, matériau inventé par les Romains. Liquide au départ, le béton devient, en séchant, aussi dur que la pierre. Plus facile à utiliser, il revient moins cher que les blocs de pierre.

Ses imposantes colonnes donnent un air majestueux à ce temple. On devine immédiatement qu'il s'agit de la maison d'un dieu !

Hier et aujourd'hui…
On trouve encore aujourd'hui des bâtiments modernes construits dans le style romain. Beaucoup de banques, de bibliothèques et de mairies ressemblent à des temples romains.

L'eau est acheminée dans un canal couvert supporté par cet aqueduc.

On construit une arcade en utilisant une structure en bois, qu'on enlève une fois le travail achevé.

Après une victoire, les soldats défilent parfois dans les rues avec leurs prisonniers, acclamés par la foule. Les sénateurs et les soldats les plus importants ont le front ceint d'une couronne de laurier semblable à celle que je tiens.

Lors du dernier défilé de notre armée dans Rome, mon père portait une couronne de laurier.

La protection de nos frontières

Certains peuples sauvages, les barbares, vivant à l'extérieur de l'empire aimeraient bien nous attaquer. Pour notre protection, l'armée construit des forts et des camps le long des frontières de l'empire. Les soldats construisent aussi des routes et des ponts, et transportent des messages.

Fabrique une couronne de laurier

Procure-toi du carton souple, des ciseaux, du papier vert pâle, vert foncé et rouge, un fin pinceau, de la peinture, de la colle et des barrettes à cheveux.

1 Découpe dans le carton une forme circulaire, comme ci-contre, qui s'adapte à ton tour de tête.

2 Découpe des motifs de feuille dans du papier vert. Peins-les pour leur donner vraiment l'aspect de feuilles.

3 Une fois la peinture sèche, colle tes feuilles à la couronne.

arrière

avant

4 Découpe une bande de papier rouge en faisant une encoche en forme de V à chaque extrémité. Plie la bande autour de la couronne et colle-la. Sers-toi des barrettes à cheveux pour maintenir la couronne sur ta tête.

L'armée romaine

La plupart de nos soldats combattent à pied avec des épées et des lances. Ce sont les fantassins. Ils sont aidés par les cavaliers d'Afrique qui combattent à cheval, et les archers de la province de Syrie, armés d'arcs et de flèches.

Les amis de Titus sont habillés en soldats.

Un centurion commande à 80 soldats.

L'armure d'un centurion est constituée d'écailles de métal brillant.

Les jambes sont protégées par des jambières de métal.

Les archers syriens sont vêtus de longues robes et portent dans leur dos une réserve de flèches.

On vend à Rome des produits qui viennent de tous les coins de l'empire et même d'au-delà. Certaines marchandises sont acheminées par des charrettes tirées par des mules ou des bœufs, mais le transport par bateau est plus simple et plus rapide.

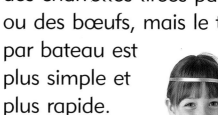

Aliments et épices

La majeure partie du pain que nous mangeons est faite avec du blé qui pousse en Égypte. La meilleure huile d'olive est produite en Espagne ou en Grèce, et les parfums de ma mère arrivent d'Arabie. Les épices qu'utilise notre cuisinier viennent d'encore plus loin : de l'Inde et des îles plus à l'est. De nombreux navires parcourent la Méditerranée, transportant des marchandises dans tout l'empire.

Voici un navire marchand. Il peut transporter de grosses cargaisons, mais il est très lent.

Cette soie chinoise servira à la confection d'une nouvelle robe pour ma mère.

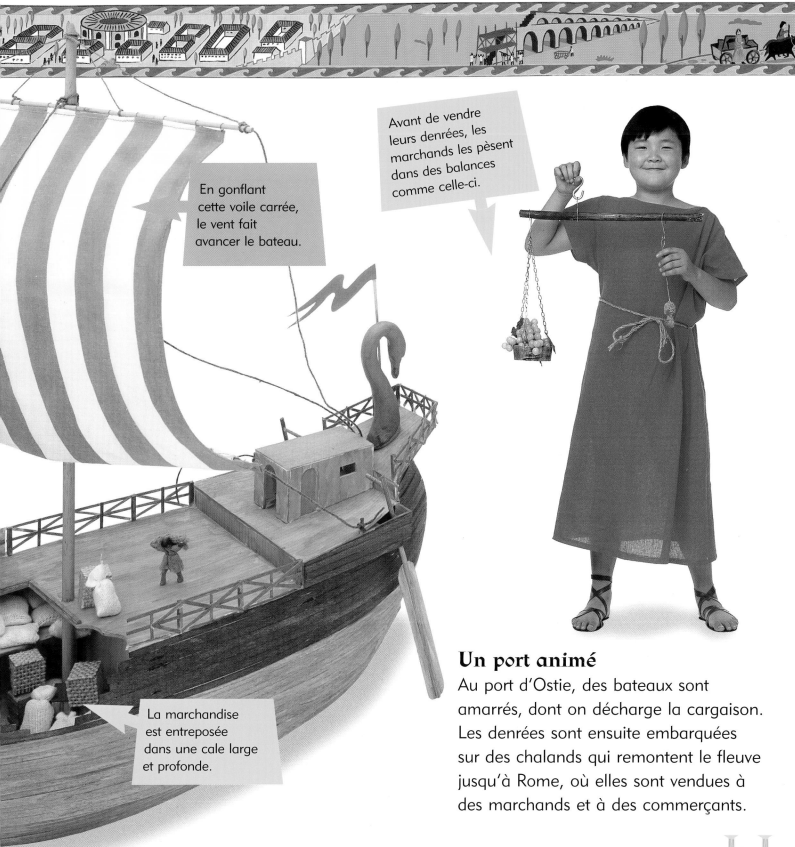

En gonflant cette voile carrée, le vent fait avancer le bateau.

Avant de vendre leurs denrées, les marchands les pèsent dans des balances comme celle-ci.

La marchandise est entreposée dans une cale large et profonde.

Un port animé

Au port d'Ostie, des bateaux sont amarrés, dont on décharge la cargaison. Les denrées sont ensuite embarquées sur des chalands qui remontent le fleuve jusqu'à Rome, où elles sont vendues à des marchands et à des commerçants.

Androclès et le lion

Théo, notre précepteur grec, nous a raconté une bien curieuse histoire. C'est celle d'un esclave nommé Androclès, appartenant à un fermier romain en Afrique du Nord. Maître cruel, ce dernier battait régulièrement ses esclaves.

La fuite d'Androclès

Un jour, ne pouvant plus supporter pareil traitement, Androclès prit la décision de s'enfuir. Il courut vers les collines et trouva une grotte où se cacher.

Peu de temps après, Androclès aperçut, obstruant l'entrée de la grotte, une forme massive. C'était un lion, et l'animal le regardait fixement ! Androclès était terrifié, certain que le lion allait se jeter sur lui.

Mais, à sa grande surprise, la bête se contenta de gémir et de lever une patte. Androclès s'avança prudemment jusqu'à lui et discerna, plantée dans sa patte, une grosse épine, qu'il réussit à lui retirer. Pour le remercier, le lion lécha le visage d'Androclès de sa langue rugueuse.

Ce fut la naissance d'une grande amitié. Androclès et le lion vécurent ensemble dans la grotte pendant trois ans. Le lion partait chasser tous les jours, rapportant de la viande que les deux amis partageaient. Mais un jour, se rendant compte à quel point ses semblables lui manquaient, Androclès décida de partir.

Prisonnier des Romains

Androclès n'avait pas parcouru un long chemin quand il eut la malchance d'être capturé par des soldats romains. On l'arrêta et on l'envoya à Rome, où l'empereur cherchait de nouveaux combattants pour les jeux du cirque.

Un animal féroce

Quelques mois plus tard, Androclès se retrouva dans un vaste amphithéâtre, sous les cris et les clameurs d'une foule excitée, tandis que dans l'arène entraient en grondant plusieurs lions. Tremblant de peur, Androclès vit le plus gros lion se précipiter vers lui. Mais arrivé devant l'esclave, l'animal s'arrêta soudain. Au lieu d'attaquer l'homme dans l'arène, il se mit à lui lécher le visage. Androclès reconnut son ami de la grotte.

L'empereur n'en croyait pas ses yeux. Il accusa ceux qui avaient fourni les lions d'avoir amené un animal apprivoisé. On lui affirma qu'il s'agissait d'un animal particulièrement féroce. L'empereur envoya alors chercher Androclès et lui demanda pourquoi le lion ne l'avait pas attaqué.

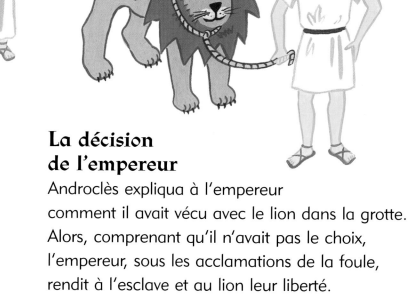

La décision de l'empereur

Androclès expliqua à l'empereur comment il avait vécu avec le lion dans la grotte. Alors, comprenant qu'il n'avait pas le choix, l'empereur, sous les acclamations de la foule, rendit à l'esclave et au lion leur liberté.

Depuis ce jour, le spectacle d'Androclès déambulant dans les rues avec son lion en laisse est devenu familier à tous les habitants de Rome.

L'univers de Flavia

Flavia a vécu il y a 2 000 ans. Son univers nous est aujourd'hui connu grâce aux objets laissés derrière eux par les Romains et aux travaux des archéologues, qui ont étudié ces objets, que nous avons pu reconstituer le cadre de vie de cette jeune Romaine.

Les écrits romains

Les archéologues ont trouvé divers documents écrits par les Romains. Il s'agit de livres d'histoire, de livres sur la religion, mais aussi de livres de cuisine, de récits et de lettres.

L'architecture antique

Dans certains pays subsistent aujourd'hui des bâtiments datant de l'Empire romain : aqueducs, temples, amphithéâtres... Dans le sud de l'Italie, des fouilles archéologiques ont fait surgir une ville entière, la cité romaine de Pompéi, ensevelie, après l'éruption du Vésuve, sous la cendre et la boue volcanique.

Ce vaste amphithéâtre où combattaient jadis les gladiateurs se visite aujourd'hui à Rome.